학전學田

학전學田

배학기 제7시집

계간문예

| 시인의 말 |

시인이 전하는 말

제7집을 출간하면서 고마움과 행복을 향유하고 싶습니다.

평생을 배우고 나누며 살아간다고 생각하면 얼마나 고맙고 감사한 줄 모릅니다.

꿈을 이루기 위한 몸부림을 육십여 년 동안 고민했는지도 모르겠습니다.

맨손 어민처럼 작은 목장 목자로 변하는 세상은 나의 삶 같습니다.

시인은 커다란 나무도 아니고, 그저 들풀처럼 나는 살아가고 있습니다.

하루살이 파리 모기도 내 친구처럼 부대끼며 살지만 나는 모든 사람들을 사랑합니다.

손수 들판에 나와 도농을 일구고 학전농막교실의 꿈들을 이루고, 이제는 학전문학관을 꿈꾸며 후학들을 가르치고 배워나가는 길은 고행의 길 같으나 파란 하늘이 내려다보고 어둠이 내려오면 논물 위에 도심의 아파트가 내려오고, 달빛 별빛이 내려오는 빛으로 백로와 저어새가 떼오리들과 어울리는 곳에서 십여 년을 일구며 토대를 만들었습니다.

일일 체험학습장으로 쓰임을 받고, 철따라 달라지는 꽃송이들이 청순해 보이기도 하고 매란국죽이 조화를 이루는 아름다운 들판의 한가운데 노란 기와지붕 울타리엔 요즘, 접시꽃이 만발하고 있습니다.

옛 추억어린 정월의 달맞이 축제를 8년 간 혼자서 준비하고, 손수 지은 벼농사 쌀밥을 짓고 고깃국에 밥과 곡주, 산봉우리 많은 노적봉 청솔가지로 쌓아 올려서 새끼줄을 꼬아서 금줄이라 하며 소원들을 손수 적어주고 국가와 국민의 안위와 행복을 빌어 왔습니다.

이웃사촌 문우님들이 한자리에 모여서 사랑노래도 부르고, 120여 명이 한데 모여서 모두가 행복해 하시는 모습은 내 생을 다 할 때까지 영원한 아름다운 추억이야기가 될 것 같습니다.

정종명 발행인이 한국문인협회 이사장님으로 계실 때, 저희 부부와 큰아들과 조촐한 식사를 한 끼 한 적이 있었습니다.

졸 시인을 기억해주심을 큰 영광으로 생각하며 살아왔습니다.

계간문예 발행인님과 전국의 문우님 모두 지면으로나마 고맙다는 인사를 드립니다.

축하원고를 보내주신 시흥시 국장 김종윤 님과, 시조시인 정대훈 선생님, 그리고 늘 옆에서 형님 동생처럼 지내는 문우 정덕현 시인님과 서석의 김석문 발행인님 고맙습니다.

살대며 살고 있는 귀한 마누라와 큰아들 며느리, 손녀 가은,

소은 작은아들 고맙다는 말을 꼭 써 줘야만 하는 이유가 있습니다.

특별히 시흥 50만 인구를 늘 안위와 행복을 헌신하시는 임순택 시장님과 시흥시 공직자 분들께 감사 인사를 전합니다.

나의 창작글들은 들판에 앉아서 들풀을 바라봐 왔기에 잡초들이 아마도 나의 훈도님이 아닐까 싶습니다.

부끄럽고 죄송한 이야기 시詩이오니 넓은 양해를 올립니다.

2019년 7월

한국인간상록수 시인 硯石 **배학기** 큰절

| 축하글 |

세시풍속을 중요시 하는 시인

碩石 배학기 시인과의 소중한 인연은 2016년도 제가 정왕1동장으로 재임하던 때부터 현재까지 이어져 오고 있습니다.

시인은 해마다 거모동(도농) 들판에서 작은 토지에 농막을 손수 지어놓고 학전농막교실 간판을 달고, 이정표를 세우고, 농사를 지으면서 정월 대보름 달맞이 행사에 동네 지인 분들을 초대하며, 100인 분의 밥을 짓고 막걸리에 구수한 김치 찌개를 무료로 제공하시는 시인의 모습이 현대인들에게 잊혀져가는 우리네 세시풍속의 안녕을 기원해 주는 아름다운 정을 나누는 주민 공동체의 단합된 힘을 새삼 느끼게 하는 소중한 자리로 깊은 감명을 받았으며 긴 세월이 흐른다 해도 뇌리엔 추억으로 남아 있을 것입니다.

碩石 시인은 험난한 생업을 이어오면서 틈틈이 들풀처럼 농악에서 창작한 주옥 같은 시들을 엮어낸 이번 시집 출간이 많은 분들에게 깊은 감명과 현대인들에게 잊혀져가는 정을 나눔의 문화로 이어져 꽃피우기를 소망하면서 제7시집 출간을 진심으로 축하합니다.

2019년 7월

시흥시청 국장 **김종윤** 배상

| 축하 글 |

들풀과 삶을 맺은 시인

아름다운 삶의 꽃이라고 불러도 손색이 없는 분을 축하하게 되어 큰 영광입니다. 서정시인 인생길을 소개하자면 들판의 정중앙인 논밭에 홀로 나와 붓으로 글을 쓰며 농사도 짓고, 사시는 모습을 나는 10여 년 동안 봐왔으며 며칠이라도 못 보면 보고 싶고, 만나면 하루해가 짧기만 했던 소중한 인연이었습니다.

연석硯石 시인은 어린아이를 살려낸 의인이며, 남다른 봉사정신이 투철하고, 꿈나무들을 키우고 가르치신 시인詩人은 지방 곳곳 그 고장에 걸맞게 작품들을 묘사하고 발표하였다고, 그 지방 곳곳을 빛내신 인물로 언론보도에 수록된 시인이며, 독자들에게 감동을 전해주는 자랑스러운 문인의 인생길입니다.

시문학 강연도 생동감 넘치게 뛰어나며. 특히 '심훈 기념 사업회에서' 선정한, 한국인간韓國人間 상록수 시인詩人 연석硯石 배학기로 2014년도에 선정된 영광의 얼굴입니다. 각박한 현대사회에 커다란 귀감이 되고도 남을 법한 인물입니다.

특히 2019년 하반기 학전學田 시집 창작은 특별할 것 같습니다.

잡초와 함께 한, 10여 년을 살아오면서, 정월 달맞이 축제를 손수 지은 벼농사로 나눔을 실천하였으며 거모들 노지의 아들이라며 자신을 낮추고, 논밭에 새벽잠을 깨우고 나와서, 창작글을 쓰고, 순수한 깨달음이 꽃으로 피어나길 바라며, 시조시인인 정대훈 저는, 고등학교 국어선생으로 인생의 황금기를 지나, 이제는 팔순의 나이에 살아가지만, 연석 시인을 만나 많은 것을 느끼고 배웁니다.

특히 시흥시에서 엄격한 심사를 거쳐 오백만 원의 창작지원금을 받아 출간하게 되었다니, 충심으로 축하를 드립니다.

2019년 7월

한국문인협회 정책개발위원 · 시조시인 **정대훈** 배상

■ 차례

제1부

들풀 시인

제2부

천년을 살자던 학

제3부

소상인의 하루

제4부

천리향 꽃

제5부

그리운 고향

제1부

들풀 시인

— 작약꽃

들풀 시인

청춘을 버린 것처럼 홀로 들판에 서서
양치기로 살아가려는지
토종 흑염소 키우던 까닭은 왜일까요

목자라니요, 웬 향토詩人이라니요
부르는 대로 따르겠습니다만

짓독 깨지던 겨우살이 북풍한설
휘몰아치던 들판 바람 부는 날
그렇게, 또 그렇게
4월의 상춘은 붉은 빛깔로
천수답에 논물인지
시나브로 봄날은 온 것 같고
흰 구름을 타고 서서히
피어나던 꽃천지
군자산을 두견처럼 서서히
포근하게 감싸주던 안개산
나만의 알토란같은 텃밭.

시문詩文 시간時間

詩는 숨소리로 지구를 한 바퀴 돌고
쪽빛은 나를 날마다 괴롭혔습니다

야경을 토막 내고 살아온 60여 년

당신과 함께 포근한 잠자리 포기했던 삶
그 무엇을 밝혀내지도 못한 들풀이라

내 촌로의 삶은 시문詩文 시간마당이
시들어가던 노후일 뿐,
들꽃들처럼 오늘도 당신을 우러러보고
잠겨 있는 나의 행로.

학전學田

전장을 치르고 살아왔던 삶의 전선
내팽개치고 늘그막에서야 붓 하나 들고
희망차게 살아보겠다던 야심
새벽바람 가르던 들판에서
사과나무를 심어보니
모름지기 농심의 발소리를 듣고
무럭무럭 커간다는 교훈인지라
밤에는 쥐가 듣고, 낮에는 새가 듣고
전등불은 말이 없고 불 밝혀주는 곳
웬 초파리 도서관을 지었을까
세상에 단 하나밖에 없는 이곳에는
땅거미가 밤마다 출석하던
가로등 불빛 사이
스멀스멀 날아드는 하루살이
들판에 심장 뛰는 소리처럼
눈물은 무시로 차오르니
붓을 들고 적시며 가르치고
키워낸 흑염소 30여 농막교실
내 삶의 마지막 자존심.

학전 농막교실
硯石 시문학
백수선생
마중물 사랑

시간의 꿈

그대여, 저 산 넘어 어디론가
삶을 찾아서 떠나갔을까

그대여, 저 도시로 언제부턴가
누굴 찾아서 떠나야 할까요?

나의 시간은 흘러만 가고
너의 꿈들은 내 눈 속에서 녹아내리고
나의 사랑은 늙어만 가고

그대여, 시간 시간들은
얼마나 남아 있을까요

그대여 불 꺼진 창문 사이로
반짝이던 별빛들도 하나하나
오늘밤도 사그라지던데요.

시간의 계절

4월의 편지는 시간이 흐르고
사색의 계절에는 꽃을 피우고 돌아서서
호젓한 들판바람까지 마중했던 삶의 터전입니다
노랑 기와지붕 한 채에 앉아서
나는 당신에게 손편지를 꾹꾹 눌러
쓰다 보니, 손발 심장까지 저려옵니다

고단함과 괴로웠던 지난겨울은
눈물로 아우성쳤던 내 모가지가 터지고
터져서 피가 흘러나왔고

병원 신세로 치료를 받아서
나부끼던 내 옷자락이 비바람에
넋 춤을 췄던 것입니다.

시간의 그 겨울

달맞이 축제장에서 (2019. 2. 19일 음. 1. 15일)
잔인한 유빙은 부서지고
들판의 칼바람도 감싸주던 거모들판은
울면서 109 필지 지주들만 이유도 없이 쏙, 빠져버리고
대책회의를 구성하여 그 절박함에 함성들로
하늘마저 감동받았을까

항의농성 제23회 차로 구사일생
한배를 타게 되었다니

그렇게 꿈꿔왔던 신도시
남들은 쉽게도 잘 된다던데
내가 바라던 새봄은
오색 빛으로 피기만을
저 대보름 달맞이축제장에서
절실한 나의 기도라.

매화꽃 피던 학전농막교실

꼬불꼬불한 농로 외딴길을 둘이 걸어 봐요
복잡한 도심의 허파에 산소를 불어줘 봐요
참새 떼가 어서 오라
연석로 호젓한 기와집 한 채
북풍한설 휘몰아치던 벌판에서는
휴일도 없는지 책 읽는 소리
요술부리던 겨울하늘을 바라봐요

철 잊은 때때옷 갈아입고서
정월 대보름 달맞이 축제로 날아와요
느리거나 빠르거나 상관없으니

심장소리처럼 봄은 왔나 봐요
매화꽃 피며 앞서거니 뒤서거니
외딴집뜨락은 언제나 새로운 희망
어울려 살자던 팝콘, 팝콘같은
매화꽃들이 호위하는 노랑기와집
학전, 학전농막교실.

상념 시詩

부자들의 세상에는 안중에도 없었을까
시간, 시간 간간히 쪼개어 허비한 졸작
방랑시인도 아닌
무명무실한 죄수

맨손 불끈 쥐고, 살아온 사수
삶의 전쟁은 고통을 겪고 나서야
비로소 칼바람은 멈춘 듯

시간을 도둑맞은 허무의 60여 년
그 죗값에 긴긴 밤이 무섭고
괴로워 토막 잠자리
이제는 독자가 부르고 있다.

운장산雲章山 호랑이

금남정맥 백두대간 조선호랑이가
다산을 누렸던 지구 위도 꼭짓점 중심이어라
몽골독수리도 쉬어가던
고도 1198미터 운장산 산봉우리
별빛타고 하염없이 내려다보이던 보슬비
달빛타고 내려오던 선녀들은
밤 구름 호위를 받으며
칠성대 봉우리에 앉아서 옛 이야기하던 산자락
북쪽으로는 대둔산
남쪽으로는 마이산
동쪽으로는 금산
서쪽으로는 연석이가 태어났다던
연석산硯石山 묵계墨契
벼룻돌 생산하여 서울로 나섰다던
아버지의 아버지

어둡던 내 마음 밝아오는 찬란한 여명엔
고달픈 어머니 사랑가에 울고 웃던
전국8대 오지마을
만년설에 닭 울음소리가 메아리치던
사봉리 오솔길엔

삶의 맥박소리는 금수강산에
오천 년을 피고 지던 산수화
삶의 증표처럼 하늘이 주신 문중의 선산
성산 배씨裵氏 푸른 꿈
보란 듯 만경강 일백 리 발원지
오백여 년 피어린 역사의 숨소리처럼
그리움만 감겨오던 꽃동네
그 누구라도 산수화가 마중하네.

3월의 밤하늘

시간 시詩들은 시간만을
아까워하다가 좌판을 토막 내고
밤잠을 토막낸 괴로움에
비바람이 불어와도
어르고 달래던 꽃나무들을 심고
한숨소리로 농막 집 교실을 짓고
10여 년, 살아온 홀로서기
시간의 족쇄에 갇혀서
하늘만 흠모한 죗값인가

나그네 오가던 자동차소리
개혁 바람 도농이 졸업식을 하는지
남은 것은 무엇인지
사는 것은 시끌벅적
학기가 떠나면
학도 떠날 거란다.

연석산硯石山 마중물

동쪽하늘 눈부시게 떠오르던 아침 햇살같이
군자산君子山에 피어오르던 여명같이

한라, 백두산에 피어나던 봄꽃같이
마중물 사랑으로만 철철 흘러 넘쳐라

연석산硯石山 벼룻돌 자장가처럼
어머니의 사랑가 손길 같은 물결로

사철 맑은 강 물길로
흐르는 산정물길로
곳곳에 영원무궁하라
거모들 2019년 1월 1일
새벽기도 목청 높이 소리쳐
하늘을 바라보며.

고목나무를 바라보다가

고목나무를 바라보다가
어느 날 툇마루에 앉아서 멍하니 바라보니
35년 전부터 나처럼 피고 지던 벚꽃송이가
나만 바라봤을까요?

고목나무처럼 팍팍 곰삭은 우리 부부는
같은 곳을 바라보며, 산 넘고 강을 건너서
잘 견뎌왔다고 늘상 절망보다는 희망에 앞장서서
한평생을 두고, 두고 감사하자던 당신,

사는 게 뭔지 몰라도
석양노을은 가는지 몰라도
뚝, 뚝 떨어지던 내 노래
까맣게 타버린 내 몰골
노추란 나이테를 그 누가 알리.

뽕나무 인생

툭 하면 누명을 씌우기 마련이고
뽕 하면 이상해 보이기 마련

흙 위에 편린처럼 잎새를 피우던 삶이라니
누에를 키워주던, 오디의 푸른 잎
머리에서 발끝까지 나누고, 품던
또 하나의 삶이 그 무엇일까만

검버섯 피던 노후
밀짚모자 쓴 흙 친구
너는 오디, 오디.

무쇠솥단지

그대
무쇠솥단지처럼 뜨거운 사랑을
단 한 번만이라도 해봤던가요?

이성을 잃고, 좌충우돌하지 마소서

어머니의 애환서린 무쇠솥단지
그 뜨거운 사랑
순수한 사랑은 외면 마소서

아랫사랑을 어루만져 주시던
어머니 사랑의 손길처럼

구수한 누룽지 팍팍 팍 팍 팍
긁어주시던 구수한 맛
이제는 무쇠솥단지 보다
더 뜨거운 사랑은 없다.

귀한 마누라

내가 어렵고 힘이 들어 괴로워도
내 곁에 있어주던 마누라

내가 잘한 일만 이야기해 주던 마누라
어쩌다가 말도 없이 놀다가 와도
반겨주던 마누라
가끔씩 푼수없어도
웃어주던 그런 마누라

사십여 년을 살아도
환하게 웃으면서 반겨주던 마누라
검은 머리 파뿌리가 되어도
민둥산 머리를 안타까워하며
눈물을 흘려주던
귀한 마누라.

만우절 날

불씨 하나가 허공을 떠돌다가
낙하한 듯 내게로 다가와서
꿈꾸던 씨앗으로만 남게 하소서
넋 빠진 씨앗을 남겨놓았을까

땅속에서 봄의 판도라처럼
땅속에서 포근히 용 꿈 꿔왔을까
파란나라 곳곳에

우리들은 온통 꽃으로만 피어나
풀씨처럼 묵묵히
잘살기만을 원하던
내 운명인지라.

잔인한(4월) 이별

봄꽃은
들어가고
여름 꽃은
돌아오고

나의
마음은 어디에
두고,
먼 산만
바라보네.

고구마 일기장

뭐, 지금은 흔전만전하지만
끼니 거르던 흉년은, 호랑이보다 더 무서웠고
서기 1671년엔 고구마도 없었지요?

2년여 긴긴 가뭄이 들어온 현종실록
기록된 고서전에는 자식들이 죽어나가자
인고기로도 먹어치웠다던 암울한 그 시절

극심한 흉작에
살기위한 몸부림치며
어떻게든 살아나자던 절박함
대마도 조업나간 어부들이
들여온 효 품종
고귀(일본 말) 위마를
고구마로 바꿔놓은 그 이름
넝쿨식물 요깃거리.

배곧 예찬

파도 타는 판도라 바닷가 우리 동네
생명공원 신도시를 걸어가자

옥구산 팔각정 올라서면 오이도가 코앞이고
이북 개성 땅은 보일 듯, 말 듯

신 에덴꽃동산은 옹기종기 아이엠에프
맨손 호미로 일궈놓은 우리들의 자존심에는
신비로운 천혜의 바닷가
사철 마르지 않은 샘물이 흘러넘치나니
신도시의 25시 야경에는
바닷물이 시나브로 잦아드네.

별 따오기

성근별은
하늘에만 뜨는 게 아니고
감춰놓은 듯 들풀 위에
학전농막교실에도
별이 찾아들고 있다

손수 지어놓은
연못 속에, 물을 채우면
달도 뜨고 별도 뜬다

오가던 나그네
농막뜨락을 들러보렴
별이 뜨거든 가져가.

청산(옥구산)

아이야, 청산에 살자
신록 춤추는 곳
아이야, 고층 빌딩숲을 봐라
다함께 손잡고 가잖다
바닷물 마중하는 해송 십리 길

동해에서 떠오르던
아침햇살은 여명
서해낙조 강렬하게 지는 까닭은
내일을 위한
약속의 빛이니
꽃밭을 만들자.

달맞이 송별

허허로운 들판에도 뒷산마루에도
신명나게 새봄을 맞이하자던 거모들
군자산이 훤하게 바라보던 큰 어머니 논밭
밥 한끼 나누고 덕담도 나눠보자던 자랑거리
군자산 어머니 정월보름
새 희망만 노래하자던 들판
절실한 단 한 가지 소원만은 꼭
들어줬다던 신비로운(시흥시 거모동 952-3) 들판
정중앙 학전농막교실 뜨락
두달 전부터 청솔가지가 녹지공간에서
시나브로 쌓이던 곳, 달맞이 축제장에는 인산인해
호젓한 들판에는 신명나서 우렁찬 목소리
전통문화행사장 달맞이 축제로
양력 2010년부터 2019년 2월 19일
음력 1월 15일 제8회 차로 끝이 났다는데
단 한 사람의 힘만으로 이뤘겠습니까만
개혁개발 바람을 타고 역사 속으로
고별전을 했던 달맞이 축제장
순수한 이야기로만 남았다.

하늘은 날보고

하늘은 날보고 들풀처럼 살라 하더니
하늘은 날더러 어린아이를 살려내라 하더니
의인이라 하오

하늘은 날보고 젊은 상록수로 살라 하더니
한국인간상록수라 하오

하늘은 날보고 지평선 같은 들판 바람을
마중하라 하더니, 육만 칠천여 농부들을 위하여
목숨 걸고 정의의 깃발을 들라하네

하늘은 날더러
거모들의 영웅이라 하더니
흑염소 키우는 목자라 하네.

포식자 반딧불이

세상은 온통 각양각색 포식자가 많다
지상 낙원같이 꼼수를 치기도 하고
유혹만 일삼던 괴물들은
호시탐탐 노려보겠지요?

대자연 앞에서 버티지 못하겠지
죽어야 사는 이 땅도 아닌데
어둠속 잔인한 반딧불이
살아 움직이던 달팽이의 죽음에는
추적자의 독침에 찔렸겠지
위장술에 능숙한 반딧불이
삶의 처절한 사투

사람들은 그런 반딧불이 찾는다.

제2부

천년을 살자던 학

— 붓꽃

천년을 살자던 학

천수답 밤하늘이 밝아 오르던 터진목 거모들
어김없이 찾아들던 학이란 새떼들이 허기진 배 채우려
무리지어 달려들고, 마지막 도농의 들판에
청개구리 한 마리처럼 들풀로 살아왔을까요?

사철 홀로 살아가던 외딴집 한 채
검은 머리카락 서릿발처럼
허해지고, 민둥산 이마는 무시로
드나들던 자급자족 등불이라더니
농지기는 농삿일이 거칠다

온갖 철새들 낙원이라더니
겨울엔 겨울새들이 여름엔 저어새들이
청둥오리 원앙새들까지 다산을 꿈꾸던 이 자리
천년을 살자던 학들처럼 오늘도
마중하던 도농 심장부에는
풍년을 마중했던 백로 떼들이
시위하던 마지막 개발지.

목장지기와 백로

그 누구를 원망하겠습니까?
파란 하늘에는 흰 구름이 떠나가는데
흑염소 목장을 만들어 놓고, 까만 눈동자들이
50여 마리는 자나 깨나, 주인만 기다리고
밝고 맑은 희망 하나로 오로지 쓸고 닦고
시계추처럼 흘러가는 세월

군자산은 말없이 나만 바라보고
고층아파트가 밤마다 별빛을 대신하고
거모동 도일시장 가까운 명당 터라니

어머니 품속 같은 거모巨母 클 거 어미 모
수문을 닫으면 논물은 시나브로 차오르니
펄 논에는, 사철 學基가 눌러앉아
학鶴들[白鳥]은 둥지를 틀었는지
시끌벅적 떠들어대며
황금벼슬을 비벼가며 휘날리던
날갯짓 하오.

독도獨島 갈매기

천지창조 신께서 우뚝 세우신 신비의 섬
떼 갈매기들이 백의민족정신으로 옷을 입고
태초의 신비로운 동남쪽 이백 리
오천 년
대대손손 금수강산 낙원
숨결처럼 지켜온
자랑스러운 대한의 땅
백의민족 한서린 심장소리
일제 망언, 잊지 말자 잊지 마

하룻강아지
범 무서운 줄 모르던 왜구들아
패망한지 어언 70여 년
경제논리에 노름판
떠들지들 마라 대마도까지
우리네 땅이니.

신도시(배곧) 갈매기

갈매기 꿈이란 별 것도 아니었겠지
강인한 송도 불빛만 어둠을 뚫고 강렬하게 펴지겠지
쭉 뻗던 초호화 고층 빌딩숲들을 봐라
무시로 드나들던 배곧 갈매기 떼들을 봐라
서해 바닷가 주인이라더니
곳곳에 둥지를 틀었나 보오

하늘 바닷길 언제 열리리
백령도 거슬러 올라가던 백 갈매기
날개 없는 천사
대동강을 가겠노라
진달래 봄꽃들이
언제 피려나.

원앙새

남녀 간에 사랑 때문에 눈멀고
피눈물 흘리며 후회하지 마소
원앙새처럼 살면 그뿐이니
혼인서약 인간 100세 오매불망 마소
민들레 홀씨들처럼 떠난 자식들
오면 좋고, 가면 더
좋은 걸 왜 몰랐을까

거친 세상 원앙새처럼 살았어도
노년에는 과욕은 절대 금물이오니
죽기 살기로 노동을 팔지는 마소

무서리내린 몰골도 원앙새 같으니
자고 나면 달라져서 골골골
뒷골목도 무섭고, 밤이면 더 무서우니
거울처럼 마주보며
그럭저럭 살아갑시다.

종달새 거모巨母들

흔적도 없던 종달새 배우물터라니
무시로 허기진 배 채웠지
그 옛날 천수답 날아와 훑고 가버리는 너는
철새인지, 학인지, 저어새인지 나는 알 바 없다
사래긴 꼬부랑 논밭같이
생명줄로만 알았지

거울처럼 비추던 논물 위에
하늘이 떠 있고, 달이 떠 있다니
밤마다 아파트 불빛은 잦아들고
넉살좋게 달빛 별빛 사이로 흉내를 냈었지
무임승차 하던 사람들아
들풀처럼 살면 그뿐이다

10년을 하루같이 산 것도 아닌데
연석硯石 들풀을 하염없이 바라보던
군자산 종달새.

학전 농막교실
硯石 시문학

불사조

하늘이 두 쪽 나도 이 세상 살 거라네
십여 년을 홀로 득도한 것처럼 살았으니
부지런한 개척정신만이 살길인 무토
시흥시 거모들, 붓 하나 들고 어설픈 필작을 했던가
손수 지어 올린 노랑기와집 축 늘어지던 포도나무
꼬불꼬불한 농로 연석로硯石路라 불러 주소
학전농막교실이 사철 반겨주니
고귀한 품성 다 버리고 고개 숙인
잡풀로만 살아도 좋으니
날벼락 같은 희망을 죽이려들다니
불사조 들풀을 앞세웠던 지난 겨울이야기
그날의 함성
2018년 12월 31일부터 2019년 6월까지
순수와 정의로 함께 가자던 한 목소리
항의문서 23차 봄꽃은 피었다가 시들어 가버리고
맘 놓고 함께 가자던 소식만을 기다리던
오뉴월이 코앞에 당도했지
하늘의 뜻이겠지 109필지의 꽃이 피나니
우렁찬 현존의 메아리 불사조.

거모巨母 들판

군자산에 떠오르던 햇살같이 웃으며
장닭이 울어주던 들판에서
용트림을 하며 피어나던 꽃망울처럼
농지기의 청록 옷자락만 치렁치렁

버림받은 것 같던 들판도 판도라상자처럼
고단한 하루 하루살이는
내 영혼의 땀방울은 간기어려
내 청춘 미련 없이 풀어놓고
아쉬운 고별전처럼 어서 와라 흙덩이들아
쓰레기만 빼고 다 와라 깊은 곳을 채우자

무더운 여름날에 시원한 바람이 되어라
홍하리라, 영원한 생명의 현장처럼
내 삶의 축제 현장길이니
강남땅 부럽지 않은 거모들판에
아름 꽃으로 피어나라.

거모들 농부

여명이 밝아오며는
먹잇감 찾아 날아오던 철새들의 낙원인가
백로며 가마우지 저어새란 놈들이
오월이 오면 쟁기질 쓰레질 치던
농지기를 뒤따라오던 넉살좋은 먹보들
천수답 들머리에 군자산은
날마다 무슨 생각에 잠겨있을까

겨우내 죽은 듯
비어있던 펄 논바닥에도
새봄이 찾아왔다고
들풀들이 기지개를 펴고
무심타 세월을 앞세워
신도시를 꿈꾸는 원초라.

4월 15일의 바람

바람이 분다, 바람이 불어와
삼백육십 날 불어 펄렁펄렁 현수막
찢겨진 바람의 아들 진눈깨비 바람아

겨울에 쉬지 않고 바람이 불어와
바람은 왜 그런지 쉬지도 않나봐
바람은 왜 늙지도 않았나봐
나만 늙어 버렸나봐

바람이 분다, 바람이
거모巨母 들판에 쉼 없이 불어만 오고
봄꽃 향기는 군자산으로 가버리고
휘몰아치던 외딴 기와집
뜨락은 서서히 피어나는
신록바람이 불어왔나봐.

거모들에 뜨는 달

손에 손을 마주잡고
강강술래로 가득 채웠던 터진 농로
한 번 떠나면 다시는 돌아오지 못한다던
황천고개를 황고개로 이름을 바꿔놓고
달아달아 밝은 달아, 정월에 뜨는 보름달은
남녀노소 불꽃놀이로 새 소망을 절실하게
달맞이의 고별전을 하나니

거모들에 뜨던 보름달아
거모들에 사랑가는 여덟 살로
희망찬 새 신도시를 꿈꾸며
이별가를 불러주던
보름달아, 대보름달아.

군자산과 거모들

다산을 꿈꾸며 군자산을 바라보면
산수화를 걸어두지 않아도
좋은 꽃밭을 손수 만들어놓았을까?

청아한 시간들은, 봄꽃이 여름꽃을 부른 듯
호수의 바다 같은 꿈들이 차고 넘치던
천수답 논바닥 위에는 반짝이던 햇볕도
파도타기 쪽빛인가

접시꽃만 올망졸망 꽃송이로
무심히 가던 발길을 멈추게 하였느니
사랑은 일곱 빛깔로 수놓은 천수답을
일구어놓은 치맛자락인지
천사의 나팔꽃은 은은하게 피어나
그윽한 향기에 술 취한 나그네인지
유수처럼 흘러간 군자요산.

오늘과 내일

눈 설고 맘 설고 흰 눈발 비바람 맞고
내 곁에서 오죽했으면 죽겠다고 했을까

떠난 별들의 상념처럼 밀려오던 회한
매화나무처럼 꿈꿨던 그날들이

푸르던 청춘도
다 떠날 것을 준비하라던 나날들
하늘을 닦아주던 것 같던
조각구름이 내 삶의
원천이었을까요.

모세 목장

목자(목장지기)

우사, 돈사, 말사, 개사, 도라
흑염소 양치기 목자가 근근이 버텨가던
노후 인생살이

사람 농사 20년
나무 농사 30년 지천명을 버텼나
애지중지 휴일 없던
팍팍한 인생살이

먹성 좋던 녀석들
허리가 휘어질 지경
허나, 아기염소 깡충깡충
재롱잔치 넋을 잃고
인생이 퍼즐맞춤일까
난, 신록 목자.

따복이네 집

거모동 952-3번지
들판 한 중앙에는 태극기가 펄럭펄럭
노란스틸기와지붕 아래
논물이 차오르던 오뉴월엔
따사로운 햇볕도 찾아들고
피고 지던 기쁨이어라

복으로 가득 찬 황금빛 보금자리
울안에 접시꽃 봉오리는
텃밭울타리에
따복, 따복, 따따복

사시사철 마르지 않던 산정물소리처럼
군자산이 들여다보는 신비스러운 땅
천연기념물처럼
옥계장엔 다산을 꿈꾸던
황금 알알이 꼬꼬댁.

외딴집

외딴집 시흥시 거모동 952-3
거모들 꼬부랑 농로, 걷다가 보면
호미괭이로 이랑 치던 봄날에는
씨 뿌리는데 익숙한 손놀림

까치집처럼, 지었다가 부셨다가
노랑 스틸기와지붕 한 채
남보란 듯 2층 집처럼 지어올리고

세상에 단 하나밖에 없는 듯
애지중지 학전농막교실 정겨움에
간판을 그려놓고, 달마대사도 그려보고
들풀들을 키우려는지

맨손 농지기의 지평선
일일체험 학습장으로 쓰임을 받다니
자급자족 가슴 벅찬 노후
나눠줄 사람이 있다는
그 사실에 행복하다.

거모들 아리랑

호젓한 들판에 서성여 보면 가왕도 아닌데
들판 바람소리도 아닌데 노랫소리처럼 끊임없이
군자산으로 불어 오르던 학전농막교실 노래

아리랑, 아리랑 아라리요/ 아리랑, 아리랑 아라리요

청명한 하늘엔 잔별도 수많았었는데
우리네 농심들은 가을 풍년을 심었는데
풍년이 올지도 안 올지도 모른다니

오뉴월 보릿고개만 잘 넘기면 된다던데
못 살겠다 하소연을 한 적도 없다네

아리랑, 아리랑 아라리요/ 아리랑, 아리랑 아라리요
심어보세, 심어보세 벼 포기나 심어보세.

계절이 지나는 시월

계절이 지나가는 시월 하늘엔 찬란한
오색가을로 가득 차 풍년들었을까요?

강나루 건너 오솔길에 서성여 보면
호수 속 하늘엔 오색구름 꽃을 담고

고단했던 잎들은 낙과의 보람에
접어들던 가을, 내 향취.

초승달 꿈

수없이 피어나던 별빛들로 모성의 들판이어라
상원 하원으로 정월대보름 달은 황금빛이어라

동산에 떠오르던 보름달이 찬란한 황금빛으로
우리들의 간절한 소망들을 언제나 들어주리라.

백로와 저어새

백로, 저어새는 그 누구의 뜻인지
누명을 씌우며 떠나려하고
춘삼월은 말없이 온 듯 떠나가 버렸으니
꼬부랑길 농로 사그라지는 나의 하루하루

구름처럼 몰려들던 흙먼지는
수도 서울 지하철 터파기
토사가 도자에 짓눌리는 흙더미

백로 저어새들은 줄행랑쳤는지
용트림 하는 말로
바싹 말라비틀어진 논바닥
잡풀만이 피어나던 천수답들머리엔
날갯짓도 멈춰서 모내기철이 안성맞춤
산 꿩만이 내려 사랑을 부르네.

하늘빛 농부

논물엔 하늘 구름이 떠있고
소생하자는 꿈들은 봄부터 시작되어
군자산 나뭇잎을 바라보며 살리라

펄밭에 시드는 잡초들의 시름 소리를 들으며
오뉴월 무덥던 농부들의 심신은 가을로 향하고
천년을 약속하자는 것도 아닌데
못다 핀 오솔길을 걸어가는 듯
안개꽃들은 서서히 들판을 적시며
웃는 모습으로 걸어간다.

제3부

소상인의 하루
— 복사꽃

소상인의 하루

먹구름 걷히기만 빌면서 문을 열고
쓸고 닦고, 손님맞이 정성을 다했지만
가뭄에 콩 나는 듯 드문 손님들
그저 공치는 날만 되지 않기를 빌어볼 뿐
혼신을 다하며 웃지요

오만사의 계산 앞에
매정타 돌아서는 고객님들
진종일 헛수고
석양녘 가로등처럼
공허만 밀려들고

허허실실 비우고 비워
견디어 내겠지만
소상인들만
고단한 하루하루.

소상인과 개방 화장실

쭉 뻗은 도심 화석 타던 시궁창 썩어 들어가고
지렁이까지 치우고 구석구석을 쓸고 닦고
반질, 반질하게 살아온 내 삶인지라
아우르고 살아보겠다던 그 시절 번갯불처럼 사그라지니
소상인의 30여 년 공수표 졸업식일까요
푸른 꿈 꿔왔던 그 시절
소상인들의 순박함에 도시를 꾸미고
그저 타관객지 이웃사랑 버팀목
성공해야겠다던 내내 신념 하나로
시흥시 정왕동 녹색가구거리
1996. 08.부터 2017년까지 모세의 기적이라고
삶의 전선이었던 소상인들의 터전
여성회관 이면 녹지 버스정류장 앞에는
다급해진 사람들 마구 싸는 꼴 역겨워서
가래침 뱉고 똥 싸고 외면해버려 개방형화장실을 짓고
순수 봉사로 눈만 뜨면 20여 년을
치워주고 화장지까지 무료로 대주고
나눠주던 21년의 봉사정신은 졸업을 했지,
말없이.

도둑맞은 농심

솔향기 송화 가루 은은하게 퍼지던
점촌(충남 당진 송악 부곡리) 동네
오뉴월 청솔바람도 잠시 머무르던 동네
경제논리만 앞세우더니
전국 팔도에서 용광로 굴뚝산업만
몰려오니 먹구름만 끼고

넉넉한 농심만 흉흉하고
진흙탕 싸움질에
허와 실로 접어들던 10여 년

황해경제자유지구 지정 발표를 하더니만
십여 년 동안 표심을 후려 처먹었는지
통치자들까지 기만하고 외면해버렸다니
애먼 농사꾼들 집집마다 줄도산
상록수예배당 종탑에는 부엉이만
밤마다 울어대던 점촌 동네
부엉 부엉새도 알고 있는
도둑맞은 농심.

골목 상권이 무너지고

언제부턴가 힘든 싸움이 시작되었다
하루, 하루가 고단하고 공치던 날이 늘어만 가고 있다
포기할 수 없는 희망 고문을 노래하며
이것, 저것 참고 견뎌내며 살아온 소상인들의 절박함
소금창고처럼 얼룩진 몰골로 살아온 외길 인생들
바둑판같던 신도시로 몰려든 타관객지 반평생
켜켜이 점포 하나 차지하고 보니
걸레도 짜고 더 짜보며, 정직만이 살길인 줄 알았더니
대상에 짓눌리고, 반칙에 기절하고
자고나면 줄도산 하던 소상인들의 눈물들이
골목길가에 갈잎처럼 나뒹굴고
아이엠에프를 겪어봤지만 그보다 더 무서운 요즘
용광로보다 뜨거운 청춘이 다 흘러가버렸다
부단한 노력도 무용지물처럼
골목 상권들은 자취를 감추고
저녁노을 어둠처럼 깊어만 가고 있다.

필경사

붓으로 그림을 그린 듯
황토밭 서리 긴 가마를 타고 있나니
필경사 ㅡ 심훈 님
생시에 온기가 잦아들어 앉아보니
밀짚모자를 쓰시고
나룻배를 타고 하루 한나절
안산 사리포구에 당도하면 기진맥진,
제자들의 박수소리와 환호에
힘이 솟았다던 하늘이 주신 사표

당진 앞 바다를 건너 평택,
한양으로 퍼져가던 상록수정신
선진 문명의 선구자

초가집 내부엔
중국식, 일본식 꺼리낌이 없이
편리함은 따르시고
손수 지은 흙집
농촌 계몽 선각자
한국인간상록수.

묵계墨契마을

탯줄을 끊고 무럭무럭 자랐던 묵계마을 고향집
초목은 흔들릴수록 나뭇잎들은 커가던 모습들을 바라보며
학창시절부터, 조금 먼저 눈을 뜬 덕택인지
상록수 책 한권을 선물로 받았던 상품인지라
심훈 선생님을 흠모한 이유로 계몽개척정신에
끼니를 굶주리고 싸워나가야 했던 산촌 촌로가

가슴 한편엔 붓을 들고
천신만고 끝에 불혹의 나이에서야 비로소
타관객지 떠돌던 암울한 시절도 가버리고
필경(당진 필경사)사에 황토 벽돌집을 지어놓고
점촌 동네는, 상록수마을로 부곡교회는, 상록수교회로
부곡공원은 상록수공원으로 기도를 올렸던 절박함
그 이름표들을 모두 상록수로 바꾸게 되었다던
연석硯石이의 제 3의 인생 상록수마을
비로소 상록수 시인이라고 불러주셨으니
내게 무슨 소원 있으랴.

상록수 마을에 앉아서

그날이 오면 더덩실 춤을 추겠다던
음성은 들리는 듯 하고
나라 잃은 설움에 잠못 이루시던 그 임은
동강난 남과 북의 허리 이으라 하시던 말씀 들리는 듯
손수 심고 가꿔오셨다던
조선소나무 솔밭에 앉아보니
올망졸망한 솔방울들이 향기를 풍기고
손짓하며 실바람에 너풀너풀 춤추니
심훈 선생님을 생전에 믿고 따르셨다던
제자들의 이야기는 하염없이 흐르고
장화 없이는 살 수 없다던 황토밭길
송홧가루 흩날리던 오뉴월
그리움에 숲을 보태고 가슴을 적신 듯
오솔길 걸노라니, 이슬방울에 온몸을 적시고
그날이 오기만 한다면 상록수 옷을 손수 지어 입고
직접 써놓은 통일의 노래를
가슴 속 깊은 곳에서 꺼내어
목청 높이 외쳐보리라.

그림자 집

홀로 선 농부의 기와집 서성여 보시면
당신의 뒷그림자가 따라와서
춤추며 흥얼거리는 것이 아닐까

스쳐지나가던 바람처럼
훌쩍 필요한 게 있다고 집어가지 마소서
떼 오리 청둥오리 학이 날다 지쳐
놀러오던 외딴 집
사철 그리움을 보듬어주는
포근한 들판 외딴집.

노송 꿈나무

누가 당신을 사랑하게 된다는 것은
꽃으로 거듭 피어난 것입니다

처녀 총각들은 늘 짝을 찾기 마련이고
바람 부는 들판에 혼자 서 있어도
원초적 자유인 것이라 귀를 열고
거센 비바람이 불어와도 견뎌오며
따스한 봄볕은 다가올 것이니
짝을 잃은 들꽃들처럼 손짓을 하고
현란하게 춤추며 노래하는 봄바람

꿈꾸던 노송 한 그루
구구 팔팔하게 살아온
사랑의 증표로만
그리움에 휩싸인 고목나무가
산봉우리처럼 되었습니다.

길거리 도일시장

1953년부터 2019년
시흥시 거모동과 안산시 경계
우마차가 지나가던 선술집들이
올망졸망 산자들의 홍겨움처럼
길 거리표 나전시장 거리

할머니 손맛자랑
도일시장 장수막국수
전설 따라 흘러온 가훈인지
울고 웃던 희망가
눈이 오나 비바람이 부나
한평생 키워주신 우리들의
어머니, 어머니
사람 팔자 시간 따라 달라진다는
대박이야, 대박, 모두 모두 모여
인산인해 도일시장.

산을 내려온 그리움

나만
내려온 줄 알았더니

군자산에 피어난
진달래 꽃밭이 나를
따라왔네!

상춘의 계절
꿈을 끌어안고
세상을
뛰어보자는
들판 바람.

계절에는

계절에는 멋지게 피어오르랴
사랑했던 여인은 꽃밭을 피우고
그 사랑은 또 다시 그리움에
산맥을 타고 피던 진달래꽃
조각구름 봄은 온 듯, 만 듯 가버리고

지나간 계절에는, 흰 구름만 부산하고
그리움에 감겨오던 계절마당엔
슬픔만 아려오더라
한없는 눈물로 글씨를 적셔보니
문신처럼 자리를 잡고
계절은 꽃물로 얼룩져
흘러가버린 세월아.

시간이 흐르고 나면

꽃으로만 피어 날 수는 없겠지만
비단결 같은 호수로만 바라보다가
나의 시간들은 흐르고 나면
그리운 꿈들은 봄꽃으로 피어나

다정했던 너와 나는
미소를 잊은 체
철쭉꽃으로 또다시 피고
현란했던 오뉴월로
덧없이 은혜롭다.

알 빠진 시곗줄

그런 너를 만나 핸드백 줄이 되었던 거지
그런 나를 만나 무작정 정만을 줄 순 없었던 거지
한눈에 쏙 빠져버렸던 반짝이
살면 살수록 시간은 너를 위해
흘러가는 시곗줄인 줄은 몰랐던 거지

시곗바늘만 쏙 빠졌던 인연이 아니라
알 빠진 내 인생도 빛나게 되었던 거지
귀중품이 된 줄은 나도 몰랐던 거지

“ㅇㅇ카, 하나밖에 없는 나만의
명품가방 끈으로 살아났던 신비로움에
너와 나는 지독한 인생살이처럼
멋지게 살아가자는 것이겠지.

살대며

내가 한없이 사랑하는 사람아
오늘도 열렬히 응원하리라

살아있기에
옆자리에 있는 것만으로도
고마워 하리라

세상은 온통 변한다 해도
민심 천심이 외면한다 해도
그 누구의 유혹에
흔들리지 않을 사람으로
당신만을 사랑하리라

"나의 소중한 당신"
살대며 살아있을 때
잘해 주리라.

11월의 카렌다

11월의 카렌다는 내 나이테
1월은 내 기억 없이 가버리고
2월은 열두 살로 피어나
3월은 삼십대라서 청춘의 꽃으로 화들짝 피어나
사월이란 게 별것 아니라고
공자의 말씀엔, 불혹이라 하거늘
하늘보다 높던 어머님을 여의신 나이인지라
오월이 와서는 지천명의 나이로 접어들고
유월은 붉은 장미 꽃길 인생살이
만들어 놓았다한들 슬픔은 밀려와

칠월에서야 내리사랑을 알겠노라니
팔월로 접어드는 내 팔자
더도 덜도 말고 오늘만 같아라
구월 하늘엔 가을은 핏기 없던 얼굴빛
시월 석양노을이 따갑게 시리고
십일월의 카렌다가 후련한 듯
나를 끌고 가는구나.

오석烏石 거울

당신은 앉은 자리에서 일어나
민중들을 향하여
큰 소리로 함유할 수 있겠습니까
정의롭지 못 해도 안주할 수 있겠습니까
떠들지들 마오
극성들을 피우질 마오
귀찮아서 손가락질만 까닥 까닥
투명 거울보다 더 밝은
검은 오석 거울처럼
별을 불러봅시다.

젊은 날의 꿈

젊은 날에 물불 안 가리고
독립하여 알토란같이 잘 살아보겠다던 맹세는
수십여 년이 흐른 뒤에서야
비로소 나타난 흔적들이 무서리 내리고
내 인생 편한 날이 어디에 있었으랴
주마등처럼 흘러간 세월들은
아쉬웠던 유수처럼 흘러가버리고
사과나무를 심던 심성으로
하늘이 주신 내 운명일 뿐입니다

오뚝이처럼 쓰러지지 말자던 긴박함도
꽃다운 청춘이었기에 불사조라고
안심시켰던 지나간 추억들은
날아간 공수표로 변한다 해도
붉은 노을은 나를 위한 꿈입니다.

꿈꾸는 노후

2010년 4월 23일부터 어언 10여 년
키우며 나누며 촌로의 작은 심장소리
365 일 손수 키워오던 오골계 닭장 울음소리
벼농사, 곡물류농사 첫 수확하던 노후
지난겨울이 기가 차게 추웠지요.
들판의 중심부에 서서
황금알인 양 애지중지 천연기념물
오골계가 다산을 꿈꾸던 그 자리

옛 신돈 이야기책 속에서 등장했던 것처럼
보양식중의 보양식이라니
오계를 살펴보시면, 수익성에 밀려서
멸종위기종이라니 부양의 나눔으로
알게 되었던 묘책들이라
참옻나무, 엄나무, 구지뽕나무
마늘, 인삼, 대추, 찹쌀
푹푹 고아 죽 써 먹어보니 임금임표 장수건강
허약체질 최고의 보양식 적격
그 옛날 고소한 맛 자랑
희락 건행 꿈꾸는 노후.

그날까지

산에 산에서는 범 사냥, 들에 들에서는 참새사냥
정치인들은 신세타령, 그런 시절도 있었지
1960년을 넘어와서야, 우리들의 아버지들은 일제만행
육이오 참전용사로 목숨을 바쳤지
아들 딸 생기는 대로 잿더미 위에서 키워주셨지
우리들은 미래의 꽃이라고 불러주셨지
목숨을 건 지게질 날품팔이 고달픈 50여 년이었지
나의 나라는 불행하게 허리가 두 동강났었지
남과 북으로 갈라서서 통일이여 어서 오라 외쳤지
우리들은 영원한 자유를 찾으려고 목숨을 걸었지
서슬퍼런 군부독제 장기집권 총칼에 죽어나갔지
민초들만 죽어라, 죽어라 했었지
제주 사삼사건, 부마사건 어디 그뿐일까
광주 5 · 18 민주항쟁에 목숨을 바쳤지
촛불혁명 광화문 우렁찬 민중의 함성소리였지
민주화를 이루었어도 호시탐탐 노려보던
군부통치자들은 아직도 입맛을 다시던 정치 일 번지
잘려나간 내 나라 통일의 봄이 올 때까지
그날이 올 때까지 목숨을 걸었지.

제4부

천리향 꽃
— 민들레 꽃

천리향 꽃

누가 뭐래도 안주인이 있어야
거실의 천리향 꽃도 아름답다

날마다, 꿈만 꾸던 집도 아니니
귀여운 마누라가 키워주던 천리향 꽃나무가
있어서 더더욱 살아가기 좋다던 집

그런 당신이 내 곁에 있기에
사랑할 수 있어 외롭지 않겠지

그 수많은 역경을 겪어온 진솔한 향기여
정월이 오면 피어나던 꽃
천리향 꽃나무가 12개월을
버텨나게 하던 내 안의 꽃.

매화나무 이야기

황금빛 봄날에 거친 숨소리처럼
대문을 흔들며 열던 너는 상춘의 입문

너와 나의 삶터는 메마른 대지
매화나무 한 그루에 꽃으로 피어나서
깨어난 미명의 촉촉한 눈물방울

힘없는 가지, 가지마다
비상하라던 꽃망울들은 꽃길을 수놓고
깜깜한 밤마다 별빛들을 바라보며
흰 글씨로 서툴게 유혹하리.

학전學田이네 붓꽃

시비를 걸지 마라, 귀뚜라미 운다고
칠팔 월 하루살이 깔따귀 떼만 모여들고
밤마다 일당을 벌어 나누는 중인지

들판의 불청객들이 누굴 위하여
불나방처럼 찾아오시는지, 왕거미줄
팔각형 덫에 걸렸을까요?

청개구리는 흔적도 없어지고
알록달록한 호박벌 한 쌍은
학전이네 포도나무 기둥에서
십여 년을 장수하는데
뜨락에 붓꽃은 다산을 누렸는지
새 희망만 가득 차오른
들판의 심장부.

청솔

시린 계절을 견뎌 비바람 사계로
저 잎마저 덧칠한 향수에 뿌리를 내린 듯
천년지기 연두색 초록세상을 꿈꾸며 숲을 보태고
무토 사나이의 들풀인 것을
푸른 침묵은 오늘도 씨 뿌림이

양팔을 벌리고 손을 내밀어
청록아침을 쏘아 올리던 나의 하루하루
하늘은 춥지도 덥지도 않을까?

일렁이던 은하수는 파도타기
흰 구름도 거친 숨소리

그 거룩한 세상
가난과 고통이란 청록사상뿐
황금빛 태양을 영접하리라.

죽은 고목나무 꽃

제발 야단법석들을 떨지 마소
흐르던 세월에 병들지 않는 것들이 없다네.
제발 매정하게 그러지들 마시오
딴짓거리 한 적도 없으니

사냥 끝나면 토사구팽이라던 여인네들아,
정신 차리지 못 했다고 누명을 씌우고
두 쪽 나기 일쑤라고 협박까지 일삼던 노후여
삼시세끼 바란 적도 없었지
평생 나쁜 버릇 못 고쳤다고
눈만 뜨면 징그럽다고

얼빠진 노후처럼 자급자족하는 노년
고목나무에서도 꽃은 쿵쾅, 쿵쾅
피질 않는가
"허나" 마지막 꽃으로
곳감, 곳감 단향을 봐라.

야생화野生花

양지바른 울타리에 누굴 보자고 웃으며
돌담 사이에서 친구처럼 커왔을까
어머니의 사랑만을 기억으로 더듬으며
올라, 올라 피고지고 보랏빛
나팔꽃으로만

내 커다란 오동나무도 오르고
내 커다란 매화나무도 오르고
비바람에 밀려든 척박한 땅

나보기가 어렵사리 그 기억으로만
더듬으며 나를 업어주고
보듬어주는 것 같던 꽃

민들레씨앗처럼
낙하산 탈 수도 없었겠지만
훌쩍 떠난 아랫마을 사랑가는
그리움에 쌓여만 가리라
야생화여, 야생화여.

작약꽃봉오리

내 춥고 괴롭던 겨울은 가고
절박함에 한없이 괴로웠던 봄날도
가버리고

내가 바라던 그날은
봄꽃 향기로 남아서 오월 말경에야
피어오르던 붓꽃을 바라보니
어여쁜 꽃봉오리

꽃은 스스로 피어난 줄 알았더니
따스한 연석이네 꽃밭에서
어린아이처럼 길러주신
손길과 하늘빛이 키워준
청록사상에 오뚝이처럼
뚜벅 뚜벅 걸어간다.

아내의 봄동

언제부터였을까
보잘 것 없었던 겨울마다 장작불 화로에
추억 하나 살아온 버선발처럼

아내가 팔팔 끓여주던 밥상
구수한 봄기운이 차오르고

어머니는 할머니
내 아내는 어머니에게 전수된 맛 자랑
제철 우려내야 최고라던 사랑의 맛

절절한 이야기꽃으로
봄향기는 피어난다는데
아니야, 해풍 맞고 큰 게 최고라
비타민 칼슘 가득찬 배추
사랑으로만 가득 채워준 아내.

오동나무 이야기

가지 많은 나무에 바람 잘 날
없다던 어머니의 한숨소리
오동나무 우는 목소리처럼 들렸지요

다섯 번 잘려야 비로소 똑 바로
클 수 있다던 대들보

어르고 달래주던
그 시절 원망하지 말라던
영원불멸한 증표

오동나무는 소리 없이
오늘도 신문고를 울리려
북을 울리고 있을까.

인꽃

새벽이 밝아지면 꽃을 볼 수 있다
바야흐로 각기 다른 삶의 생존경쟁 속에서 피어나
혹한 겨울을 견뎌온 꽃들을 봐라

가까이에서 보라는, 유혹인지라
사랑을 주고, 받던 그대여라
꽃은 잠시 그 자리를 양보해도 예쁘다
꽃의 향기는 더 그렇다

꿈에서 깨어나 피던 꽃
육십여 년, 내 안에서 피고 지던 꽃
그윽한 향기의 인ㅅ꽃, 내 안에
더 이상 예쁜 꽃은 없다.

두견화 1

고단했던 당신이 잠드는 땅
그날의 추억도, 이 자리에 한 줌 흙이 되어
꽃은 빨갛게 피어날 것이니

누구라도 푸르던 청춘은 흐르고
날이 가고, 달이 간다한들

양지바른 언덕에 무소유라 했나니
두견화처럼 하염없이 피어나리라

사랑도 때가 되면 흘러가는 법
저 산 꿩도 구슬프게 울어주니

어머니의 포근한 사랑처럼
산들바람은 한없이 산정을 쓰다듬어줄
나만의 산자락.

두견화 2

남남북녀로 그리운 참꽃 피어나서
상봉의 기쁨으로 피어나라는 군자산자락
만방에 피어나던 계절 산은 도시를 적시고

잔인한 4월을 잊으라고 기억창고로만
아려오는 꽃들이 울고 있는 산자락

빗방울들이 눈물을 흘리고
앞뒷산 춤을 추던 산새들이 무리지어 놀던
능선자락마다 피어나서
초록세상을 꿈꾸며
마중하던 두견화여.

꽃피는 군자산

상춘의 계절 따라
달라지던 빛깔로 사랑을 부르며
뒷동산에서는 할미꽃도 피어나
진달래꽃도 피어나서 세월의 꽃들이
만세를 부르고 있나니

끝없는 사랑 속에
끝도 절도 없었던 세월 속에서
희망을 심고, 키우라던 청록의 산자락
산새들도 합창하며 춤을 추나니
군자산에 떠오르던 희망찬
태양처럼 둥지를 틀어보자.

수양벚꽃

귀단은 25시 임금님 귀는 당나귀 귀라더니
개혁 봄바람이 불어와도 다를 게 없었을까
고자질 잘치던 벚꽃을 봐왔을까요?

새우젓장사 생선장사
코 막던 그 시절 벚꽃도 호시탐탐
요술을 부렸겠지

호시탐탐 그 왜놈들
줄행랑치고나니 방방곡곡에서는
토종수양벚꽃나무가 춤추건만
귀 열고 들어 보소
광복이란 말 대신 독립이란 말을
꼼수처럼 변명만 늘어놓고
토종수양벚꽃나무가
이제사 입을 열어
광복 1945년이니 간판부터
확 바꿔놓으라네.

대지의 삶

군자산君子山은 꽃으로
쉼없이 달려 나왔지
이루지못할 허무함에 스멀스멀 그을린
몰골에 구르던 빗방울 낙수소리
하루해는 바닷바람이 가져가고
흙먼지 뒤집어쓴 대지의 아들인지라

외딴 기와집 한 채
매화꽃 피고 지고 청아함에
또 그렇게 꽃길로
접시꽃 수놓은 나만의 대지
팔월에 피던 천사의 나팔꽃은 죽은 듯
가을엔 코스모스
겨울엔 대지의 아들딸로
살아 갈 길이라.

들판의 숲

팍팍하지 않은 들판의 숲
이모작 모판들이 이사 오던 날,

밀짚모자 쓰고 온
농심 따라 볍씨는 희망을 싹튼
햇볕인지라 가을을 부르나니

사납던 비바람도 훈풍으로
들판의 꽃들이 춤추고 있다
표정 없는 부리들이
녹음의 숲을 보태고 있다

판도라 같던 60여 번뇌는
봄꽃을 몇 번이나 볼 수 있을 것인가
죄목도 모르던 들풀 인생이
황금물결만 그리네.

새재마을 진달래

경기 시흥 시민들의 염원 두견화
순수한 꽃밭으로 품은 산자락 향수여
오천 년을 피고 지던 천혜의
영원무궁할 이 자리

군자산 청노루가
아침 햇살 받들어 들꽃별천지
누려봐라 시흥시 30여 역사
전국 팔도에서 몰려와라

오십만 명의 심장소리 내일을 위함이니
장현동 새재마을 아름답게 피어나라
아! 대한의 숲을 이뤄라
숨소리처럼 강산에 퍼져라
쉼없는 사랑으로.

6월 장미꽃

시흥시 정왕대로 6월이 오면 빨갛게 피고
도시의 만장 문을 열고 뚝뚝 떨어지던 붉은 핏물
삶이 달궈진 불덩이로 오래살기는 싫다네

고집부리고 살아온 일들이었을까
유월의 순수로만 피었던 가시나무

정왕대로에 가보소
군자대로라 붉은 장미울타리가 반기고
그대 꽃길만 걷게 해준다니
무덥던 하짓날의 실록은 녹음되어
녹색가구거리는 한가하오
꽃길 찾던 사람들 하나 둘씩
핏물든 정수리 밟으면서
수놓았던 유월 장미꽃.

유원 열차

소용없었던 마지막 유원들
떠나가는 길, 묻지 마라, 묻지 마세요!
빛좋은 개살구는 아닐지라도
내 청춘도 늙어지면 죽는 거라오

장끼와 까투리가 내리면 그 자리가
명당 터라는데 왜, 그리도 쓸모없을까요
앞산이 낮으면 영원의 안식처라는데

흰 눈이 내리던 날
양지바른 언덕 위에 올라
발 빠르게 눈이 녹걸랑
그 곳 또한 명당 터라는데
다 태워버리고 뿌려버리고
흔적도 없이 떠날까.

달맞이 축제

2010년부터---해마다 정월대보름 달맞이 축제를
두 달 전부터 준비했던 거모들에 큰 잔칫날
상원하원으로 떠오르던 강강술래 축제장이 2019년도까지
거모들판 연석이가 준비했던
달맞이축제장은 모두 끝이 났습니다
신도시로 개발이란 바람이 불어와서 인지라
불타오르던 황금빛 들판, 모닥불을 피워놓고
어둠속을 12 간지 불빛으로 불타오르던
달맞이 축제장이 추억 속으로 까맣게
제 빛처럼 날아 가버린 것 같은 마지막 잔치에
혹한눈 비바람도 아랑곳없이 116명의 함성
아쉬워 사랑으로 해바라기 노래를 불렀죠

전통문화 축제장도 사그라지는 마당에
아름다운 이야기로 남아있을 거라던
거모들 달맞이축제를 기억하리라
국민의 행복과 안위 희망을 빌자.

생명의 숲

꽃잎이 한 잎 두 잎 피우는 모습을 바라보며 오늘도 양팔을 벌리고 각기 다른 꿈을 꾸었습니다.

내 삶이 실타래처럼 꼬였어도 당신을 만나 잘 풀렸으니 괜찮다던 어머니의 어머니, 석양은 나를 저 거친 바닷물에 버리기도 하고 사막에 내던지기도 할 것입니다

신은 나를 아직은 버리지 않았나 봅니다
오늘도 나무가 서서 하늘을 향하다 울었는지
아침이 오면 이슬방울처럼 내리고
나는 그저 목마름을 달래 볼 뿐입니다

고목나무가 그렇게 한오백 년을 살았나 봅니다
한해살이 들풀들이야, 그저 상처만 어루만지겠지만
노랗게 이름 없는 꽃을 피우고 말면 그뿐입니다

부산에서 서울로 향하던 그 길목마다
곳곳에는 악어가 살고, 범이 살았나 봅니다
끝없는 생명의 숲, 어머니의 품속 같은 그 곳에서
육십여 년을 쓰고 지우며 살았나 봅니다.

정월이 오면

사랑으로 달맞이 축제를 만들어놓고
세월 그 세월이 가는 줄도 모르고
불타던 이 가슴에 그 정을 묶어놓고서
밥 퍼주기 사랑을 주고, 받던 사람아

그 밤이 타오르던 달맞이 축제가 좋았네
그 사랑이 강강술래라 정말 좋았네

그 사람이 어둠을 밝혀주고
이별, 그 이별은 가는 줄도
모르면서 청춘은 그렇게 흘러가 버렸어도
푸르던 이 가슴에 참사랑만은
무쇠솥단지 김치찌개처럼
맛을 내줬던 그 날들의 추억만은
마음을 주고, 마음을 받고
그때가 정말 좋았네

정월 달맞이 축제로 절실한 단 한 가지
그 소원들은 다 들어줬다는데
정말, 정말 좋았다네.

오동나무

오동나무가 오뚝이처럼
우뚝 서기까지는 다섯 번 잘려나갔다
하늘을 오늘도 영접하며 살고

꽃을 피우고 열매를 맺고 다산을 꿈꾸며

쉼없이 삶의 고동소리를 듣고
어떠한 소리도 삭히며, 묵묵히 상처받지 말고
아름다운 목소리로만 꿈꾸라시던
어머니처럼 황금빛을 영접하던 벽오동

오동나무가 살대며 오천 년을
만방의 북소리처럼 들릴 때
들풀들은 행복한 꿈을 꾸리라.

제5부

그리운 고향

— 군자란

그리운 고향

산 넘고 바다건너 여기까지
뛰어와보니, 칠부능선
불사조처럼 살아남았다니 기적같다고요
나만 살아남은 것도 아닌데

고향엔 아무것도 없고 숲으로
돌아간 그리운 꽃동산만 남아있고

퐁당퐁당 종달새 합창 노래 부르던
강 건너 불춤 추던 가을 산하
여린 내 고향 그 친구들은 어딜
어디로 떠나 가버렸을까
개구쟁이 그 친구들은.

내 고향 남도

내 고향
미륵사에도, 배산에도
원광상아탑에도, 지금쯤 진달래가
곱게, 곱게 피어나겠지요?
시골 병아리들은 알록달록하게
깨어나던 재롱잔치 시골동네

내 고향
산정물이 시나브로 모여들어
만경강물이 되어 흐르나니
꿈속에서만 떠올리던 추억열차
버들강아지 아지랑이만
춤추던 산자락

그리워라 내 고향
꽃은 전 구간, 길은 백리
벚꽃피던 마라톤.

주줄산 (운장산)

하늘을 흠모하였던가
운장 송익필 선생의 생가(암자)에 앉아보니
저절로 옛 생각은 구름을 타고 감겨오네
관운장사 말을 타고 운장산을
넘어갔다던 전설 이야기가 주절주절

암자마다 말발굽만 또렷하게 남아있네
(전북 진안 부귀 궁항)
줄기, 줄기 허기진 배를 홍시가
시월 배를 채워주던 주줄산은
운장 송익필 선생님 호를 따서
운장산이라고 반겨주네.

봄비

봄비는 새색시처럼 꽃으로만 곱게 피고
메마른 대지를 촉촉이 적셔주던 빗방울

지난 시련들은 잊으라 하시고
새로운 세상에 기지개를 펴라 하시고
지나간 꿈들은 잊으라 하시고

붓은 새롭게 그려보라 하시고
꽃들은 저마다 고운 빛깔로 웃으며
쪽빛 향수로만 적셔오던 봄비.

3월이 오면

상행선 하행선이 꽉 막히던 상춘객들 나들이
시베리아 칼바람을 맞고 살아서인지
실가지마다 꽃망울들을 자랑처럼 퍼트리고
활기차게 퍼져가던 시골 아지랑이 땅

계절 따라 피고 지던 결고운 빛
햇볕에 그 흘린 탈바가지 웃음에 풍년들어와
어머니의 진수성찬에 신명나던 옛 추억들

논밭 갈아 아들딸 잘 키우신 부모님의 애환
필요한 만큼 나눠주고 살아왔던 추억
방방곡곡에는 아기 울음소리가 멈추자
활기 넘쳤던 옛 동네
숲으로 돌아간 아버지 고향

3월이 오면 오색 꽃 잔치로 피어나
그리움만 쌓이던 산자락
올라 올라봅니다.

춘삼월

종달새 짝짓기에 금상첨화라던데
한식날엔 강남제비가 찾아와 움막집 짓고
새 단장을 하고 신혼을 꿈꾸는데

논과 밭고랑에 할미새가 엉덩이 춤추고
석 달 열흘 가뭄에 타들어가던 농심
마중물로 지하수 펌프질하며 논물이 차오르니
논두렁 우렁이 각시들은
사랑만 부르고

삼목을 심고 키웠던 농심인지라
상록수 무궁화나무 움트고
호젓한 움막집 마당을 서성여보니
밭둑에서 나물 캐던 아낙네들
할미새만 보면 왜, 화풀이를 할꼬
흘러간 슬픔인지 아픔인지 몰라도
부활의 노랫가락 가사처럼
상춘의 꽃잔치하네.

봄비의 4월

당신의 손길은 봄비를 부르고
흰 안개꽃망울처럼 촉촉할 것입니다

당신을 기다리던 그리움에
눈망울들은 환희에 들떠서
노래하며, 봄바람에 장단을 맞추듯
춤을 출 것입니다

저마다 준비한 거룩한
생명의 파노라마처럼
천지를 또다시 오색으로 피어나
현란하게 수놓을 것입니다.

고향 산촌 봄비

고향산촌에 첫사랑처럼 봄비가
촉촉이 내리던 날

겨우내 흑염소가 아기염소를
우량아처럼 최고로 키워준 산간 오지

어머니도 그랬다
나도 그랬다
울고 웃고, 행복한
아이 산촌 왜 그런지
정막강산이 흐르고
버들강아지 진달래꽃 피던
고향 산촌에는
산새만 구슬프게
우는 소리뿐.

외딴 원두막

동트기가 무섭게 달려 나가던 촌로
토닥토닥 미친놈 소릴 듣건 말건
하늘 뜻 받들며 살아보겠다던 농지기
쉼 없이 도둑을 맞고 보니
해맑은 웃음도 잃어버리고 허탈 하다오
카멜레온처럼 변신을 꿈꿔봤자
털리고 나면, 허탈하고 씁쓸하오
흙 주무르고 사는 게, 왜 이리도 힘들까
호박오이는 도둑놈을 봐왔는지
호박넝쿨도 철없이 달빛타고
담을 넘고, 도둑맞은 꼴이라니
진종일 햇볕만 내리 쪼고
깜깜한 몰골 허둥지둥 달빛만 마중하니
호젓한 원두막 배짱 좋은 도둑놈이
드나들더니만 도둑질 하다가
써 놓은 글귀에 혼절했을까요?
수시로 이것저것 갖다주니
묘하고 착한 도둑놈일까요.

수도 서울

수도 서울 땅덩어리가 좁아졌다니
뚝딱하면 거대 신도시로 변하고
하늘꽃동산을 이루던 수도 오백여 년
세상 사람들 유혹의 심볼처럼
자식나면 서울로, 말이 태어나면 제주도로
산과 들의 꽃마차처럼
호화판 초고층 빌딩숲마다
꿈동산을 이루던 요즘

탑골공원 도시 비둘기 늙어가고
누구를 찾아온 건지
주섬주섬 허허시시
한강 뚝섬 나룻배는 어디에
서울 경기 시간표
아파트 당첨도
대박이란 말도 옛말.

꼬부랑 논길

꼬부랑 논길을 따라 햇볕은 여우볕 구름 속에서
숨바꼭질을 하고, 오늘도 덜컹거리던 나그네의
흰 구름들은 어디론지 춤추는 듯 가버리고

하늘에서는 변함이 없는 계절을 부르는지
춘하추동 뽕나무 노랫소리인지, 군자산 메아리소리인지
신길온천역 덜커덩거리는 간이역소리인지

연석이네 농장에서는 흑염소들이 목메게
노랫소리처럼 들리는 듯, 들판목장지기 집,

천년을 산다 해도 짧아서인지
달려가던 고속도로 질주소리
어디론지 흘러간 조각구름
거모들에 앉아 곰곰이 생각해보자니
여기서 입춘대길 10여 년
번뇌하듯 지나가버린 세월.

능곡동 오솔길

시시비비 가리지 않고 능선길 걷다가 보니
허기진 배 움켜쥐고 주막집에 들러서
시詩 나부랭이 읽으며
책 한 권 팔아서, 한 끼 식사를 해결했던 것이 죄일까요?
높지도 낮지도 않은 신록
남서 질편한 여유로운 산자락
발길마다 이야기 꽃동산처럼
황금빛 가을은 익어
건너편 군자산을 하염없이 바라보니
경순왕 깊은 사랑에
들풀처럼 살아온 내 청춘
화창한 노후 갈무리

서서히 능곡동을
내려가서 꽃보다 귀여운
예쁜 손주나 한 번
앉아줘야겠지 하다가
구름처럼
떠돌던 나그네.

시흥시始興市

봐라 얼마나 아름다운가
늦게 핀 꽃들이 아름답다는 얘길
하자는 게 아니니
살고 싶어라
우리의 도시, 우리의 시흥
정의로운 지평선

많이 가진 자가 죄인이 아니니
부자들이 밀려오는 아름다운 도시
사랑으로 꽃을 피우는 시흥

아직도, 땅 투기꾼들이 몰려와
우리 동네, 기웃, 기웃거린다.

금단의 땅

산새들도 그리워서 창볍을 나르던 날
산들바람, 강바람만 넋 춤추는 것일까
금수강산에 금단의 땅이 웬 말이야
유유자적 산새가 오가건만
오도가도 못한 남과 북의 발길들이
칠순의 나이에도 공염불이라니

만고강산에 청산아 말 좀 해다오
손이라도 흔들어다오
산자락마다 철조망은 철갑을 두른 듯
금단의 땅이라 오도 가도 못하는
동강난 허리띠 핏물만 고여
그날의 자유는 언제 오리.

희망의 깃발

그대여 만장깃발을 아는가
상여 운구차도 아닌, 들판의 서럽던 깃발
왕대나무가 하늘로 향하던 백여 개
넋 춤추는 듯 거모들 회오리바람
사십육만여(신도시확정발표)평에서
육만 칠천여 평이 이유도 없이 쏙 빠져버린
이유도 가지가지 저어새 두 마리 때문이라니
버림받은 땅을, 병신 만들어버린 짓거리
순수는 죽고, 정의는 짓밟히고
증오와 불통인 가스통에 불붙기
폭탄 맞은 것 같던 거모들판 겨울나기는
무임승차만 호시탐탐 노려보던 꼼수
함께 가자던 다급한 목소리
잠자는 권리는 죽은 권리, 함께 뛰자던 목소리
판도라 자물쇠가 24번의 항의 서안문서로
장장 100 일간의 사투에 거모들 새봄은 열렸지
함께 간다는 국토, 환경 시청 LH 약속
거모巨母들 만장 깃발로 새 희망은 열렸나니.

폭우

저 하늘의 뜻
쓰러지고 부서지고
발 묶고

내 인생
바람 잘날 있으랴
육십여 년

누구나 그렇다
삶이란 다 그렇다
아름다운
꽃도 그렇다.

해송 십리로

오이소! 해송 십리로 삼거리에
외우기 힘든 한라비발디캠퍼스아파트
40층, 육천 칠백여 대단지여!

오이소! 좌로는 오이도 지명이
검은 오자! 까마귀 형상 선사시대의
신석기문화가 꽃피웠던
유적박물관이 자랑거리니

오이소! 우로는 월곶포구와 소래포구
맞닿은 철길로 이어진 어물도매시장

보이소! 바다 건너 송도불빛
하늘 아래 천국처럼 품어주는 듯
생명공원 명품 신도시 시흥이여
배우고, 많이 누려보라던 명품신도시 배곧
서울상아탑 뿌리를 내리나니
온누리에 아! 대한의 젖줄로
영원무궁하리라.

물왕저수지

목감에서 마중물이 모여들어
수암산 줄기 따라 닦인 물
물왕푸른빛 호수여

물중의 왕이로소이다
좌청룡 우백호 별빛 천지
희락건행 백세시대

청정 하늘빛 금은 별자리
휘돌아 돌아서 연밭에
꽃이 피고 지네.

소래산蘇來山

소래산蘇來山은 그리운 어머니
날마다 불러보던 메아리 산촌
남도공단, 부평공단 노동자들의 가슴 벅찬
함성소리가 애환서리고 있다

산봉우리에 오르라 하시던
어머니의 산봉우리
세상시름에 지친 우리들이
상처들만 어루만지고 치유하던 소작길
진달래 꽃밭을 만들어주셨던
그리운 어머니는
산새소리로 들리는데

어머니의 음성만 들려와도
산수화를 걸어두지 않아도 좋은 꽃밭
산정을 쓰다듬어주던 청솔가지는
나만의 꿈동산.

범배산자락

그 옛날 꿈꾸던 비탈진 산자락
한때는 조선호랑이 으르렁 거렸다던 범배산
날이 가고 해가 기울기를 수백여 년

양지바른 산자락에서 동고동락하셨을까
강희맹 훈도님의 이야기 꽃산을 올라가보니
줄줄 흐르던 옹달샘 땀방울이 흐르고

이웃나라(명나라)에서
붓 대롱 속에 연 씨를 가져오셨다던데요?
훈도님의 지극한 사랑꽃씨가
전국 팔도 시집들을 가셨는지
방방곡곡 연꽃들이 피어나고
뿌리 깊은 수려한
시흥시의 자랑거리
연성하면 연꽃 천지.

예당 담수호

기분 좋은 날엔 가고파라
출렁출렁 그 길을 걷노라
진풍경 꽃피던 산책로라

금수강산 허리춤 풍요의 요람인지라
출렁출렁 출렁다리 충청도로 모여라
다 모여든 신기루처럼 펼쳐지던 예당호수

수덕사 종소리가 들려오고
황새 꽃마을 곳곳이어라
봉황 낙원의 예인지

국내 최장 출렁출렁 출렁다리
백사를 물리치고 예당호수로
오라시네.

꼭 가봐야 할 산

경기 시흥시 군자산자락
태초의 신비로운 군자요산
철철이 피어나는 꽃밭에
진풍경으로 절묘한 시흥시민을 아우르는
바람소리가 특별한 내 고향

그냥 쉬었다 가셔도 좋고
아버지 품속처럼 하소연하기에 금상첨화인
전국 3대 대왕굿당이라는데
옛 생각이 포근히 감겨오는 뒷동산
신라 경순왕 혼백이 살아 숨 쉬는 것처럼
꼬인 실타래까지도 술술 풀어줄 탄탄대로
신비로움에 소원 하나를 이뤄보자던
통일염원 기산祈山이라
절실한 소원 하나는 꼭, 풀어준다니.

신新 유목민

초목을 버리고 이탈된 세상을 봐왔을까
산자들에 도시로, 도시로 까치짐 보따리로 이사를 했을까
소나무 마당 잔디꽃나무처럼 움터왔을까

자유로운 평야를 힘차게 달렸던 야성을 버렸을까
개와 고양이가 아파트로 이사를 했을까
사람들과 한배를 타고 반려견공들은 행복했을까

주인을 잃은 으르렁거리는 산자락일까요
어쩌다가 나들이라도 하면 마냥 좋았을까
창밖을 바라보던 신 유목민은

텃밭에 푸른 채소 씨 뿌리고
가꾸며 살아가던 노후여.

발문

시와 자연의 만남

| 발문 |

시와 자연의 만남

— 배학기 시집 《학전學田》

정종명
(한국문인협회 25대 이사장 역임 · 계간문예 발행인)

세상을 살면서 사람답게 사는 길은 어떤 길일까? 살아가는 데는 어떤 것들이 필요할까? 필요조건과 충분조건을 다 채울 수 있는 삶을 살려고 노력하는 자세가 필요한가.

세상을 살아가는 데는 인간관계가 중요하다. 공자께서 "시삼백 일언이폐지 사무사詩三百 一言以蔽之 思無邪 한 마디로 요약하면 시삼백 편에는 사특함이 없다."고, 곧 마음을 담고 있는 시를 통해 수양하라는 뜻일 터이다. 문학이 지향하는 길은 존엄과 자유, 사랑과 연민이다. 문학은 춥고 배고프지만 사무사思無邪를 꿈꾸며 진실과 아름다움을 찾아가는 마음과 맞닿아 있다. 힘들더라도 진정한 문학의 길을 따라 한발 한발 내딛다보면 우리가 추구하는 고귀한 정신에 도달할 수 있을 것이다.

배학기 시인이 7번째 시집을 상재한다.

〈학전농막교실〉을 열고 후학들을 가르치기도 하고 농사를 지으며 체험한 글들을 모아 한 권의 시집으로 열매를 맺는다. 자연과 벗 삼으며 시를 쓰는 일은 자연과 하나 되는 일이다.

새벽바람 가르던 들판에서
사과나무를 심어보니
모름지기 농심의 발소리를 듣고
무럭무럭 커간다는 교훈인지라
밤에는 쥐가 듣고, 낮에는 새가 듣고
전등불은 말이 없고 불 밝혀주는 곳
웬 초파리 도서관을 지었을까
세상에 단 하나밖에 없는 이곳에는
땅거미가 밤마다 출석하던
가로등 불빛 사이
스멀스멀 날아드는 하루살이
들판에 심장 뛰는 소리처럼
논물은 무시로 차오르니
붓을 들고 적시며 가르치고
키워낸 흑염소 30여 농막교실
내 삶의 마지막 자존심.

—〈학전學田〉 중에서

새벽에 일어나 들판에 나가 사과나무도 심고 흑염소도 키우며 붓을 들고 시심詩心을 키워나가는 게 마지막까지 지키는 자존심이다. 농부의 자세와 시인의 자세로 하루의 시작과 마무리를 한다. 자연과 하나 되는 삶은 어떤 삶일까. 바로 배 시인과 같은 삶이다. 가르치면서 배우고, 배우면서 가르치는 삶이야말로 가장 순수한 상태라고 할 수 있다.

> 신도시로 개발이란 바람이 불어와서 인지라
> 불타오르던 황금빛들판, 모닥불을 피워놓고
> 어둠속을 12 간지 불빛으로 불타오르던
> 달맞이 축제장이 추억 속으로 까맣게
> 제 빛처럼 날아 가버린 것 같은 마지막잔치에
> 혹한 눈비바람도 아랑 곳 없이 116명의 함성
> 아쉬워 사랑으로 해바라기 노래를 불렀죠.
>
> — 〈달맞이 축제〉 중에서

배학기 시인은 시흥에서 학전농막교실을 열고, 후학들을 가르치고 배워나가는 동안 신도시 개발 붐이 일어 아파트가 들어선다. 정월 대보름날의 달맞이 축제와 같은 전통 놀이가 점점 사라져 가는 안타까운 마음에 8년 동안 혼자서 축제 준비를 하고 국가와 국민의 안위와 행복을 비는 일을 해 왔다. 동네 문인뿐만 아니라 주민들을 초정해 한자리에 모여서 사랑 노래도 부르고, 축제를 즐기며 생활했다.

북쪽으로는 대둔산
남쪽으로는 마이산
동쪽으로는 금산
서쪽으로는 연석이가 태어났다던
연석산硯石山 묵계墨契
벼룻돌 생산하여 서울로 나섰다던
아버지의 아버지

어둡던 내 마음 밝아오는 찬란한 여명엔
고달픈 어머니 사랑가에 울고 웃던
전국8대 오지마을
만년설에 닭 울음소리가 메아리치던
사봉리 오솔길엔

삶의 맥박소리는 금수강산에
오천년을 피고 지던 산수화
삶의 증표처럼 하늘이 주신 문중의 선산
성산 배씨裵氏 푸른 꿈
보란 듯 만경강 일백리길 발원지
오백여 년 피어린 역사의 숨소리처럼
그리움만 감겨오던 꽃동네
그 누구라도 산수화가 마중하네.

— 〈운장산雲章山 호랑이〉중에서

배학기 시인은 전라북도에 소재하는 운장산 서쪽에서 성산 배씨의 자손으로 태어났다. 유년의 자연공간이 시인에게는 낙원이다. 현재는 시흥시 거모동 952번지 2에 터를 잡고, 고향이 그리울 때면 고향을 마음속에 깊이 간직하고 그 마음을 시로 표현했다. 도시가 삭막해질수록 고향을 그리워하는 마음은 점점 커지는 게 당연한 일이다. 특히 농촌체험을 탁월한 상상력으로 교합시키는 능력이 있어, 그의 시를 읽는 재미를 준다.

문학의 꽃은 시다. 시는 언어의 절제에 묘미가 있다. 그래서 시는 언어의 꽃이라고 하고 아름다운 마음과 꿈을 담은 언어의 집이라고도 한다. 시의 언어는 함축적이며, 정서적인 언어라고도 한다. 시를 쓴다는 것은 진술하는 것이 아니라 표현하는 것이다. 자신의 생각이나 느낌을 시로 표현함으로써 세상과 소통한다. 시는 발상과 묘사다. 독자의 공감을 얻을 수 있는 묘사에 의해 시가 구체화 된다. 그게 시의 힘이다. 시를 읽으면서 한 폭의 그림이 그려지는 것 같은 느낌이 들면 그 시는 성공한 시이다. 화가가 색채로 하는 일을 언어로 하는 기술이 시詩라고 마카우레이가 말했다.

다시 공자님 말씀을 인용하면, 시를 아는 것보다 좋아하는 것이 중요하고, 좋아하는 것보다는 즐기는 것이 중요하다. 현대시의 난해함을 깨고, 재미있고 쉬운 시를 쓰는 자세를 가져야 한다.

이번에 상재하는 일곱 번째 시집을 통해 배학기 시인 자신만의 향기와 색깔을 지닌 단단한 시 세계를 구축하여 우리 문학사에 오래도록 회자되는 큰 시인으로 거듭나기를 기대한다. 좋은 시를 기대하는 독자들에게 큰 감흥을 주는 시인이 되기 거듭 바란다.

계간문예시인선 144

배학기 시집 _ 학전 學田

초판 인쇄 2019년 7월 25일
초판 발행 2019년 7월 30일

지 은 이 배학기
회 장 서정환
발 행 인 정종명
편집주간 차윤옥

펴낸곳 도서출판 계간문예
편집부 03132 서울 종로구 삼일대로 30길 21 종로오피스텔 1209호
주소 03132 서울 종로구 삼일대로 32길 36 운현신화타워 305호
전화 02-3675-5633, 070-8806-4052 팩스 02-766-4052
인쇄 54991 전북 전주시 완산구 공북1길 16, 신아출판사
이메일 munin5633@naver.com
등록 2005년 3월 9일 제300-2005-34호
ISBN 978-89-6554-204-9 04810
ISBN 978-89-6554-118-9 (세트)

값 10,000원

이 도서의 국립중앙도서관 출판예정도서목록(CIP)은 서지정보유통지원시스템 홈페이지(http://seoji.nl.go.kr)와 국가자료공동목록시스템(http://www.nl.go.kr/kolisnet)에서 이용하실 수 있습니다. (CIP제어번호: CIP2019029279)

※ 이 책은 2019년도 시흥시 지방재정법 제32조의6, 문화예술발전기금으로 제작되었습니다.